Impressum
Verlag: BABADADA GmbH, Nedderfeld 112 , 22529 Hamburg
Geschäftsführer / Verlagsleitung: Harald Hof
Druck: Books on Demand GmbH, In de Tarpen 42, 22848 Norderstedt

Imprint
Publisher: BABADADA GmbH, Nedderfeld 112 , 22529 Hamburg, Germany
Managing Director / Publishing direction: Harald Hof
Print: Books on Demand GmbH, In de Tarpen 42, 22848 Norderstedt

sekolah
escola

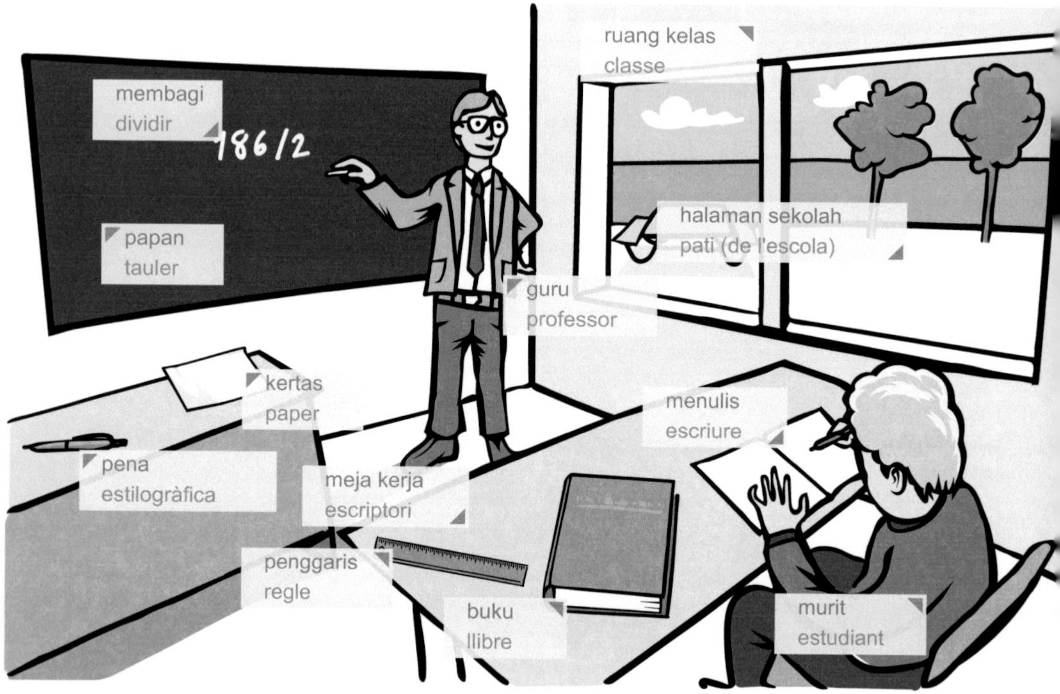
ruang kelas
classe
membagi
dividir
186/2
papan
tauler
halaman sekolah
pati (de l'escola)
guru
professor
kertas
paper
menulis
escriure
pena
estilogràfica
meja kerja
escriptori
penggaris
regle
buku
llibre
murit
estudiant

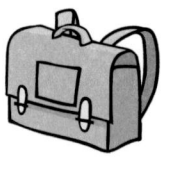

tas sekolah

bossa

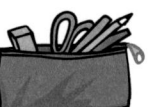

tempat pensil

estoig

pensil

llapis

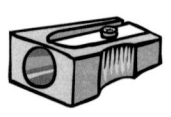

pengasah pensil

maquineta de fer punta

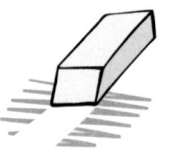

penghapus

goma

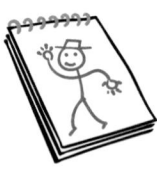

kertas gambar

bloc de dibuix

gambar

dibuix

kuas

pinzell

kotak cat

capsa de pintures

gunting

tisores

lem

cola

buku latihan

quadern d'exercicis

pekerjaan rumah

deures

angka

nombre

tambhakan

afegir

mengurangi

sostreure

mengalikan

multiplicar

menghitung

calcular

huruf

lletra

alfabet

alfabet

kata

mot

teks

text

membaca

llegir

kapur

guix

pelajaran

lliçó

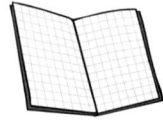

daftar

llibre de classe

ujian

examen

sertifikat

certificat

seragam sekolah

uniforme escolar

pendidikan

formació

ensiklopedi

enciclopèdia

universitas

universitat

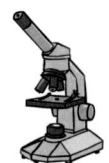

mikroskop

microscopi

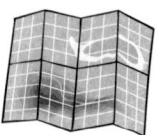

peta

mapa

tempat sampah

paperera

perjalanan
viatge

Grand
hotel
hotel
hostel
alberg
ROOMS
CHANGE
kantor pertukaran mata uang
oficina de canvi
koper
maleta
mobil
automòbil

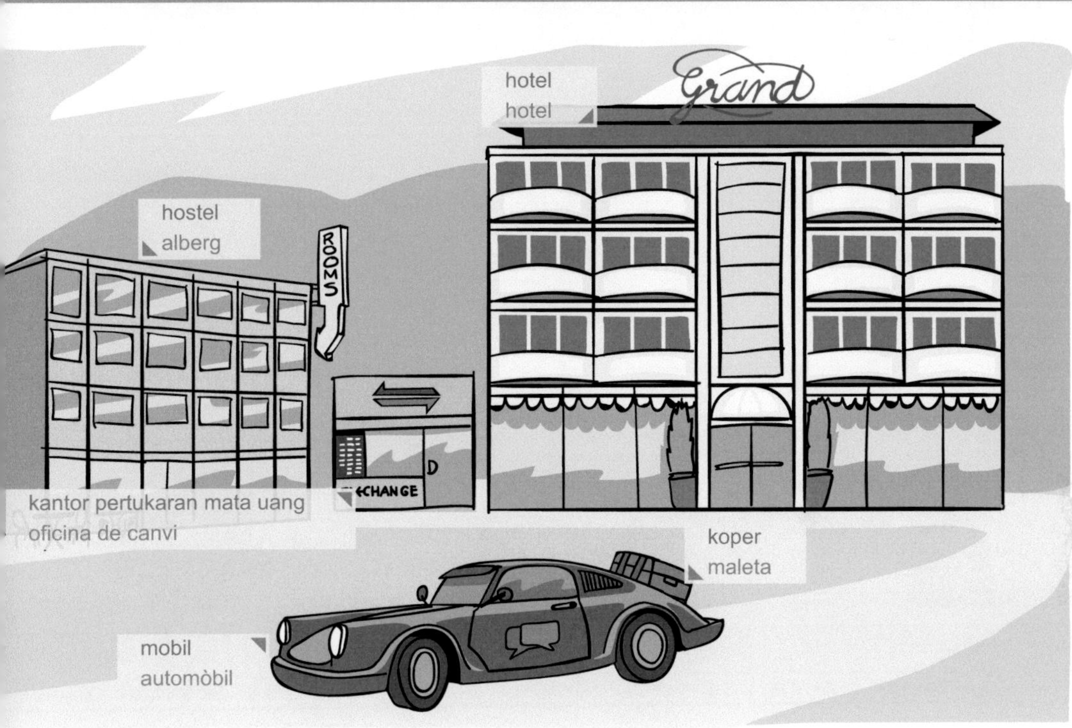

bahasa
llengua

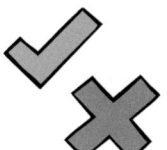

ya / tidak
sí / no

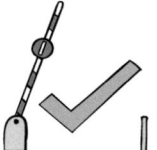

okay
D'acord

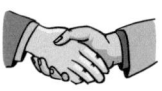

hallo
Ey!

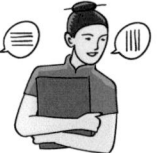

penerjemah
traductora

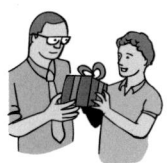

terima kasih
gràcies

Berapa harganya…?

Quant costa… ?

saya tidak mengerti

No entenc

masalah

problema

Selamat malam!

Bona nit!

Selamat siang!

bon dia!

Selamat tidur!

bona nit!

sampai jumpa

fins aviat

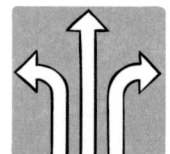

arah

direcció

bagasi

bagatge

tas

bossa

ransel

sarrona

tamu

convidat

ruang

cambra

kantong tidur

sac de dormir

tenda

tenda

informasi wisata

oficina de turisme

pantai

platja

kartu kredit

carta de crèdit

sarapan

esmorzar

makan siang

dinar

makan malam

sopar

tiket

bitllet

elevator

ascensor

perangko

segell

perbatasan

frontera

cukai

duana

kedutaan

ambaixada

visa

visat

paspor

passaport

transportasi
transport

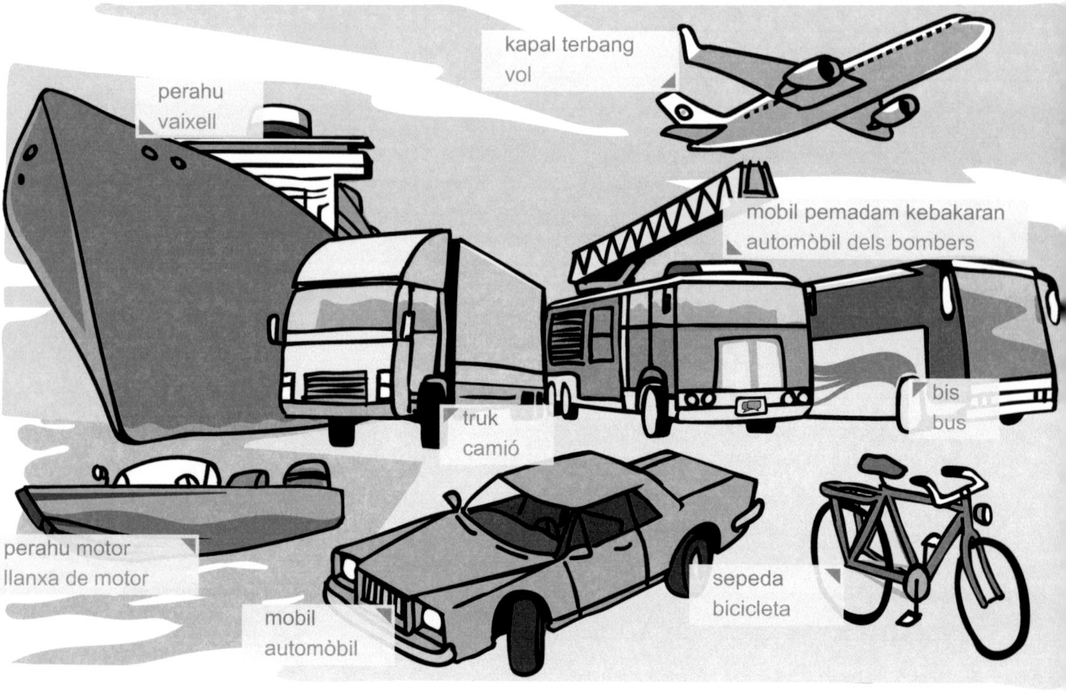
kapal terbang
vol
perahu
vaixell
mobil pemadam kebakaran
automòbil dels bombers
truk
camió
bis
bus
perahu motor
llanxa de motor
sepeda
bicicleta
mobil
automòbil

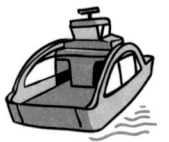

feri
transbordador

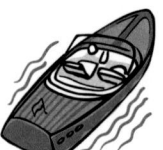

perahu
barca

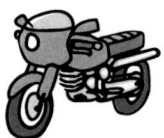

sepeda motor
moto

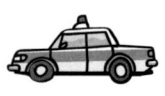

mobil polisi
automòbil de policia

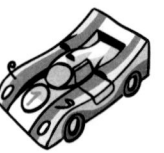

mobil balapan
automòbil de curses

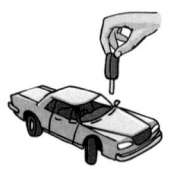

mobil sewa
automòbil de lloguer

berbagi mobil

vehicle compartit

truk derek

grua

truk sampah

camió de les escombraries

motor

motor

bahan bakar

benzina

bensin

benzineria

tanda lalulintas

senyal de trànsit

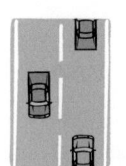

lalulintas

trànsit

macet

embús

parkir mobil

aparcament

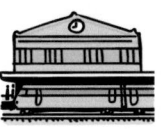

stasiun kereta

estació de trens

trek

vies

kereta api

tren

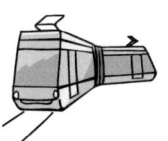

tram

tramvia

gerobak

vagó

helikopter

helicòpter

bendara

aeroport

menara

torre

penumpang

passatger

container

contenidor

karton

capsa de cartó

troli

carretó

keranjang

cistella

berangkat / mendarat

enlairar-se / aterrar

kota
ciutat

desa

poble

pusat kota

centre de la ciutat

rumah

casa

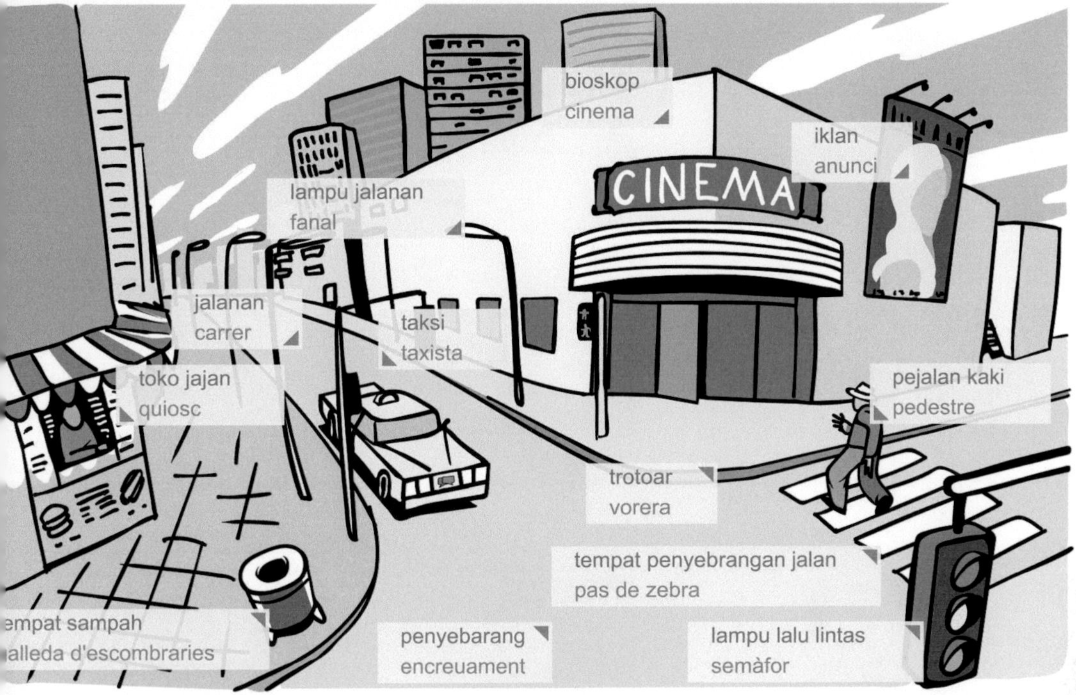

bioskop
cinema

iklan
anunci

lampu jalanan
fanal

CINEMA

jalanan
carrer

taksi
taxista

toko jajan
quiosc

pejalan kaki
pedestre

trotoar
vorera

tempat penyebrangan jalan
pas de zebra

empat sampah
alleda d'escombraries

penyebarang
encreuament

lampu lalu lintas
semàfor

gubuk
cabana

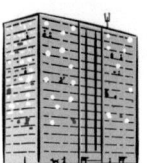

rumah flat
apartament

stasiun kereta
estació de trens

balai kota
casa de la vila-ciutat

museum
museu

sekolah
escola

universitas

universitat

bank

banca

rumah sakit

hospital

hotel

hotel

farmasi

farmàcia

kantor

oficina

toko buku

llibreria

toko

botiga

toko bunga

floristeria

supermarket

supermercat

pasar

mercat

toko serba ada

gran magatzem

nelayan

peixateria

pusat belanja

centre comercial

pelabuhan

port

kota - ciutat

taman

parc

banku

banc

jembatan

pont

tangga

escala

kereta bawah tanah

metro

terowongan

túnel

pemberhantian bis

parada d'autobús

bar

bar

restauran

restaurant

kotak surat

bústia de correu

tanda jalan

senyal indicador

meteran parkir

parquímetre

kebun binatang

zoo

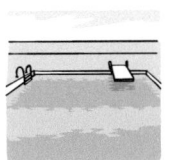

kolam renang

piscina

mesjid

mesquita

pertanian

granja

polusi

pol·lució

kuburan

cementiri

gereja

església

tempat bermain

parc infantil

pura

temple

pemandangan
paisatge

daun
fulla

penunjuk arah
cartell indicador

jalanan
camí

padang rumput
prat

batu
pedra

pohon
arbre

pejalak kaki
excursionista

sungai
riu

rumput
gespa

bunga
flor

lembah

vall

bukit

muntanya

danau

llac

hutan

bosc

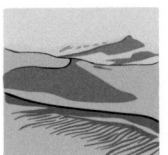

padang gurun

desert

gunung berapi

volcà

istana

castell

pelangi

arc de Sant Martí

jamur

bolet

pohon palem

palmera

nyamuk

moscard

lalat

mosca

semut

formiga

lebah

abella

laba-laba

aranya

kumbang

escarabat

kodok

granota

tupai

esquirol

landak

eriçó

kelinci

llebre

burung hantu

òliba

burung

ocell

angsa

cigne

babi jantan

senglar

rusa

cervo

rusa

ant

bendungan

presa

turbin angin

turbina

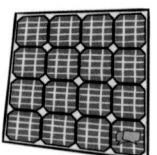

panel surya

panell solar

iklim

clima

restauran
restaurant

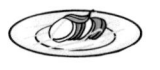

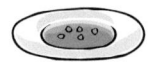

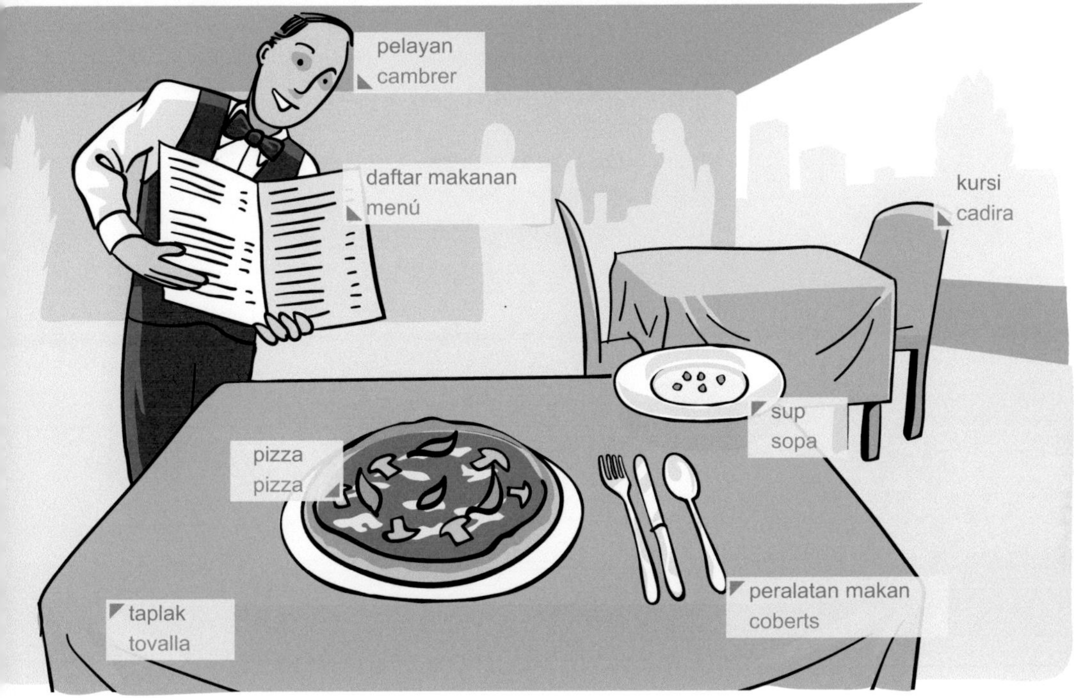
pelayan
cambrer
daftar makanan
menú
kursi
cadira
sup
sopa
pizza
pizza
peralatan makan
coberts
taplak
tovalla

hindangan pembuka

primer plat

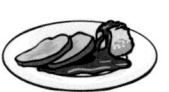

hidangan utama

plat principal

hidangan penutup

darreries

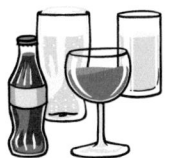

minuman

begudes

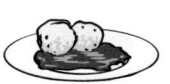

makanan

menjar

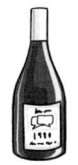

botol

ampolla

fastfood

menjar ràpid

masakan jalanan

menjar de carrer

teko teh

tetera

kaleng gula

sucrer

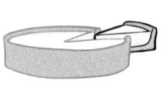

porsi

porció

mesin espresso

màquina d'espresso

kursi tinggi

trona

tagihan

factura

baki

plata

pisau

ganivet

garpu

forqueta

sendok

cullera

sendok teh

cullereta

serbet

tovalló

gelas

got

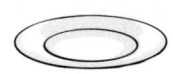

piring

plat

piring sup

plat de sopa

lepek

plateret

saus

salsa

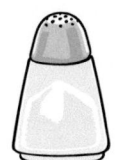

tempat garam

saler

gilingan merica

molinet de pebre

cuka

vinagre

minyak

oli

bumbu

espècies

saus tomat

quètxup

mustar

mostassa

mayones

maionesa

supermarket
supermercat

penawaran khusus
oferta especial
FOR
klien
client
produk susu
productes lactis
buah
fruites
troli
carret de la compra

BUTCHERS

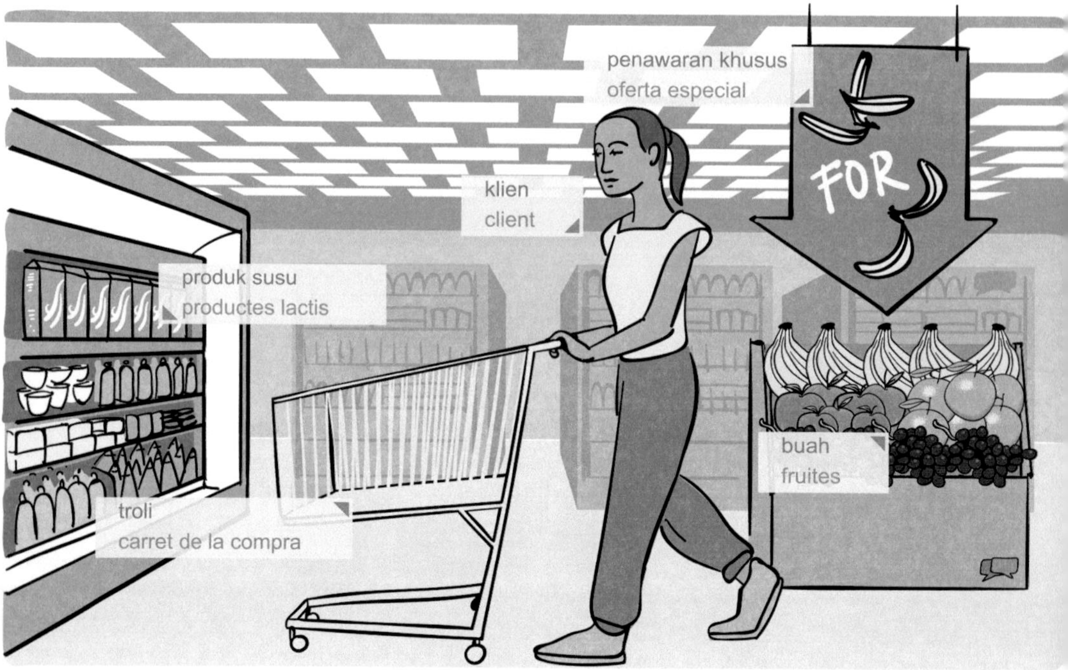

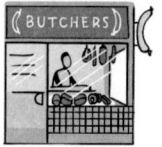

pembantai

carnisseria

BAKERY

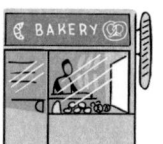

toko roti

forn de pa

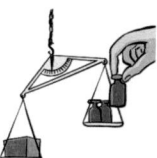

menimbang

pesar

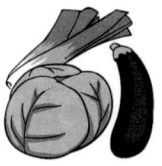

sayur

verdures

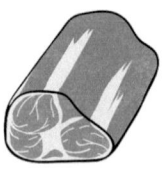

daging

carn

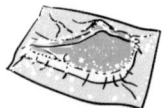

makanan beku

menjar congelat

pemotongan dingin

carn freda

makanan kaleng

conserves

sabun serbuk

detergent en pols

permen

dolços

alat-alat rumah tangga

articles domèstics

obat pembersihan

productes de neteja

penjual

venedora

kasa

caixa registradora

kasir

caixera

daftar belanja

llista de la compra

jam buka

horari d'obertura

dompet

portamonedes

kartu kredit

carta de crèdit

tas

bossa

kantong plastik

bossa de plàstic

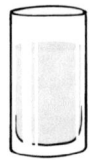

air

aigua

jus

suc

susu

llet

cola

coca-cola

anggur

vi

bir

cervesa

alkohol

alcohol

coklat

cacau

teh

te

kopi

cafè

espresso

espresso

cappucino

cappuccino

pisang

banana

apel

poma

jeruk

taronja

semangka

síndria

jeruk lemon

llimona

wortel

pastanaga

bawang putih

all

bambu

bambú

bawang bombai

ceba

jamur

bolet

kacang

avellanes

mi

fideus

spagetti

espaguetis

nasi

arròs

salat

amanida

kentang goreng

patates fregides

kentang goreng

patates fregides

pizza

pizza

hamburger

hamburguesa

sandwich

entrepà

sayatan

escalopa

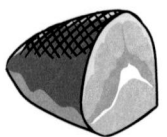

ham

cuixot

salami

salami

sosis

salsitxa

ayam

pollastre

menggoreng

rostit

ikan

peix

bubur gandum

flocs de civada

sereal

musli

cornflakes

cereals

tepung

farina

croissant

croissant

roti

panet

roti

pa

toast

torrada

biskuit

bescuits

mentega

mantega

dadih

mató

kue

pastís

telur

ou

telur goreng

ou fregit

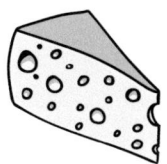

keju

formatge

eskrim
gelat

gula
sucre

madu
mel

selai
melmelada

krim nugat
crema de xocolata

kare
curri

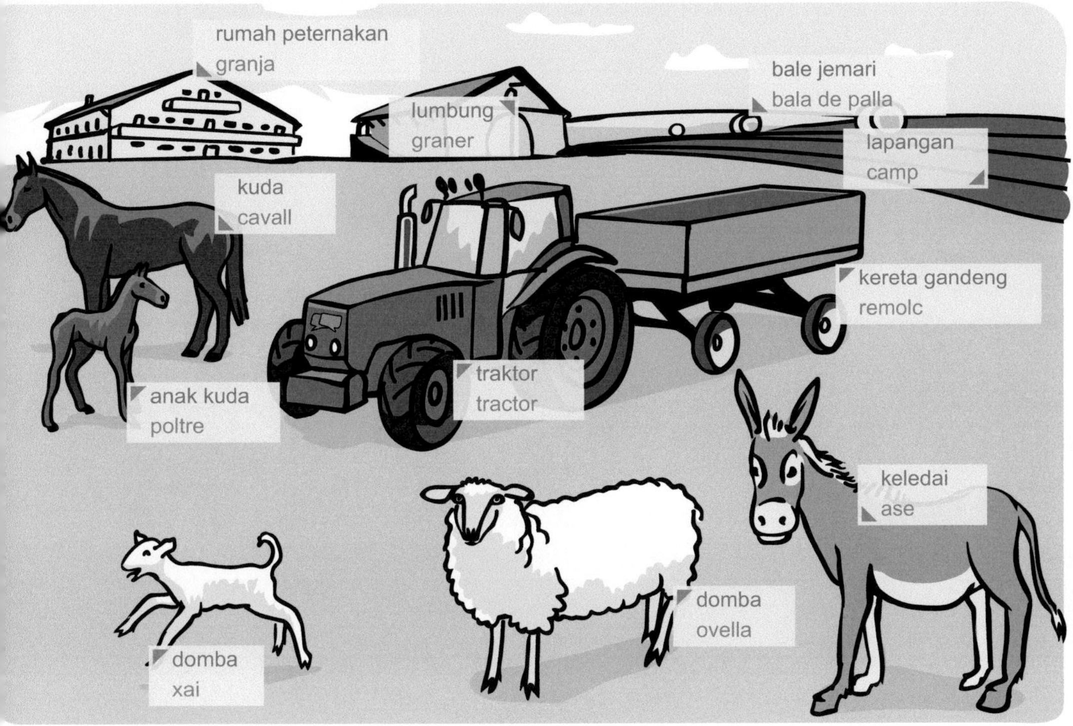

rumah peternakan
granja

lumbung
graner

bale jemari
bala de palla

lapangan
camp

kuda
cavall

kereta gandeng
remolc

anak kuda
poltre

traktor
tractor

keledai
ase

domba
xai

domba
ovella

kambing

cabra

sapi

vaca

betis

vedella

babi

porc

celeng

garrí

banteng

bou

angsa

oca

bebek

ànec

anak ayam

poll

ayam

gall

ayam jantan

gallina

tikus

rata

kucing

gat

tikus

ratolí

lembu

bou

anjing

gos

rumah anjing

gossera

selang

mànega de regar

penyiram

regadora

sabit

dalla

bajak

arada

sabit

falç

cangkul

aixada

garpu rumput

forca

kapak

destral

gerobak

carretó

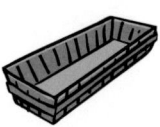

palung

abeurador

kaleng susu

lletera

karung

sac

pagar

tanca

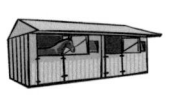

kandang

establa

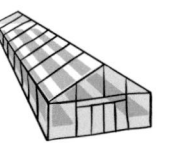

rumah kaca

hivernacle

tanah

sòl

benih

llavor

pupuk

adob

mesin pemanen

collidora

panen

collir

panen

collita

yams

nyam

gandum

blat

kedelai

soja

kentang

patata

jagung

blat de moro o d'indi

lobak

colza

pohon buah

arbre fruiter

singkong

mandioca

sereal

cereals

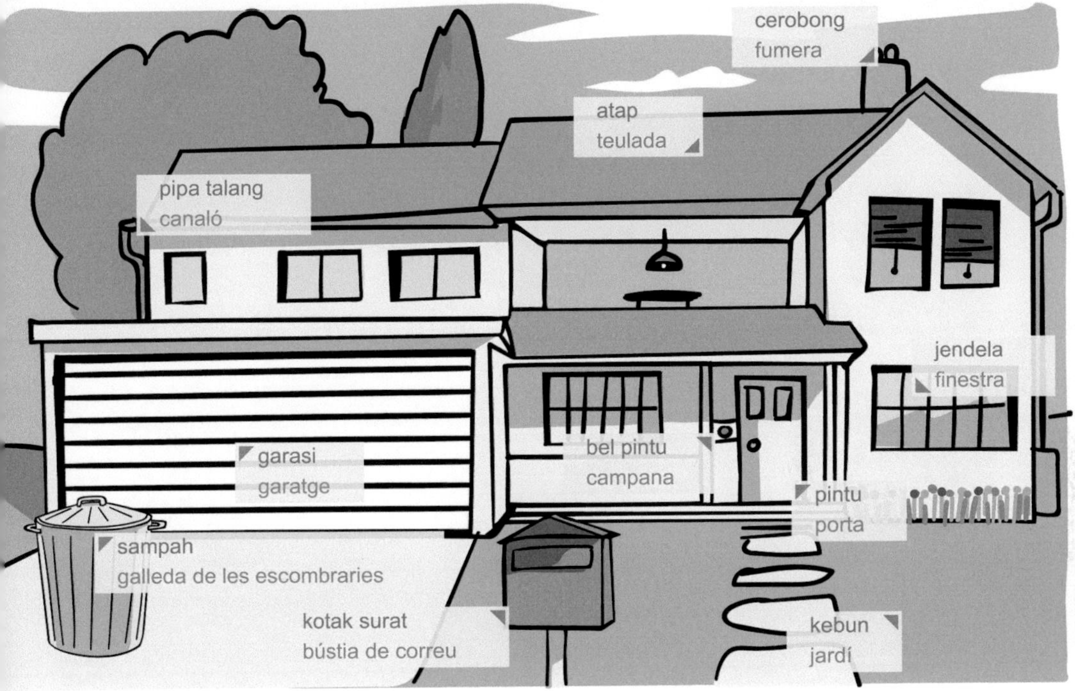

cerobong
fumera

atap
teulada

pipa talang
canaló

jendela
finestra

garasi
garatge

bel pintu
campana

pintu
porta

sampah
galleda de les escombraries

kotak surat
bústia de correu

kebun
jardí

ruang tamu

sala d'estar

kamar mandi

bany

dapur

cuina

kamar tidur

cambra de dormir

kamar anak

cambra de nen

kamar makan

menjador

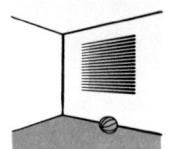

lantai

sòl

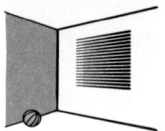

tembok

paret

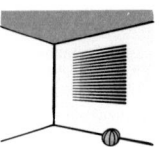

atap

sostre

gudang di bawah tanah

soterrani

sauna

sauna

balkon

balcó

teras

terrassa

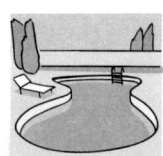

kolam renang

piscina

mesin pemotong rumput

tallagespa

sprei

vànova

selimut

cobrellit

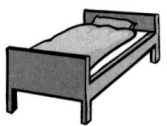

tempat tidur

llit

sapu

escombra

ember

galleda

tombol

interruptor

ruang tamu
sala d'estar

kertas dinding
paper de paret
gambar
quadre
lampu
làmpada
rak
prestatge
kabinet
armari
televisi
televisor
perapian
escalfapanxes
bunga
flor
bantal
coixí
sofa
sofà
vas
gerro
remote control
telecomanda

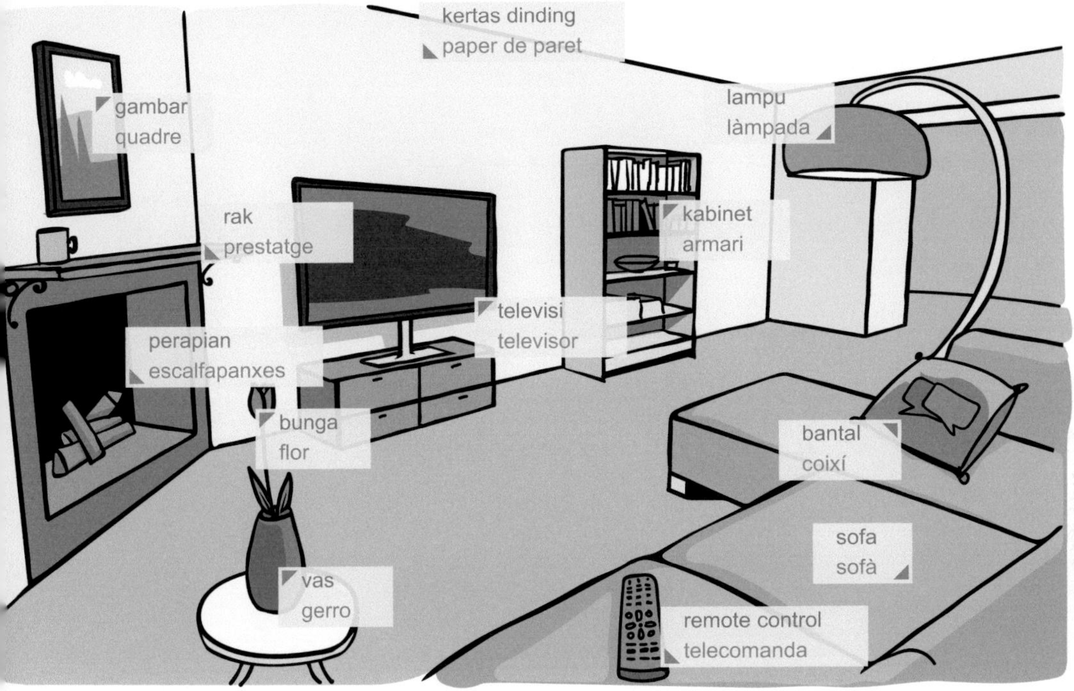

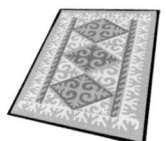

karpet

catifa

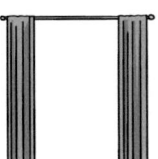

korden

cortina

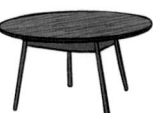

meja

taula

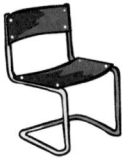

kursi

cadira

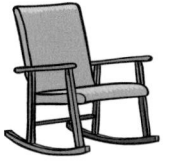

kursi goyang

cadira gronxadora

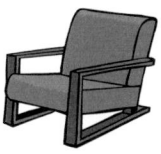

kursi malas

cadiral

buku

llibre

selimut

llençol

dekorasi

decoració

kayu bakar

llenya

filem

film

hi-fi

cadena de música

kunci

clau

koran

diari

lukisan

pintura

poster

cartell

radio

ràdio

buku tulis

bloc de notes

penyedot debu

aspiradora

kaktus

cactus

lilin

candela

dapur
cuina

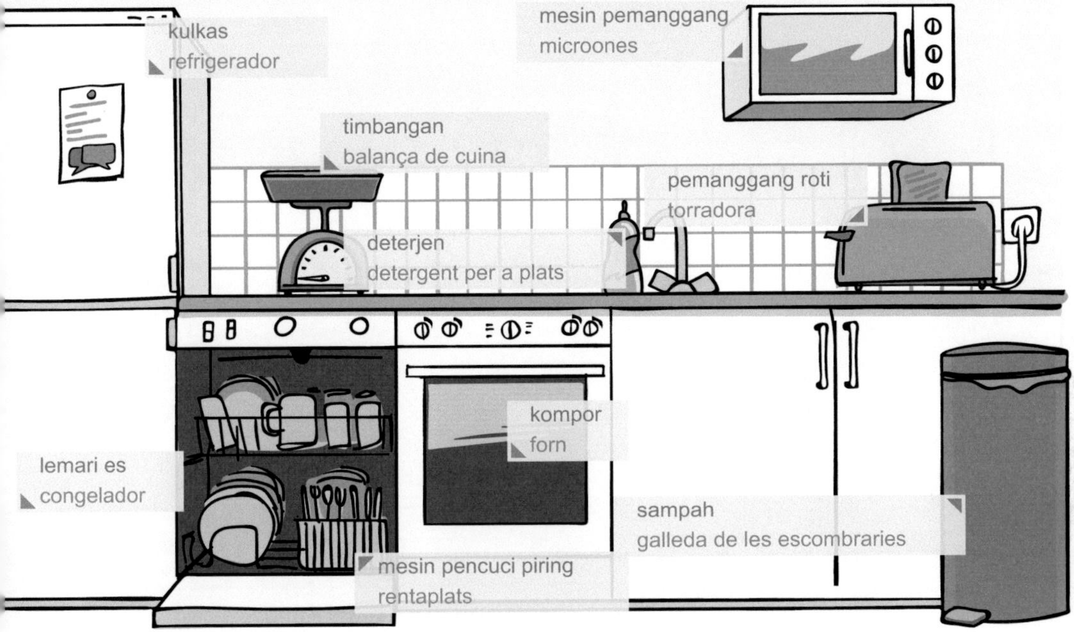
kulkas
refrigerador
mesin pemanggang
microones
timbangan
balança de cuina
pemanggang roti
torradora
deterjen
detergent per a plats
kompor
forn
lemari es
congelador
sampah
galleda de les escombraries
mesin pencuci piring
rentaplats

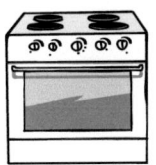

kompor

cuina de fogons

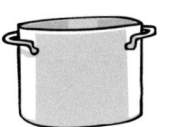

panci

olla

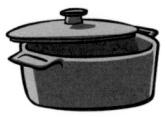

panci besi

olla de ferro colat

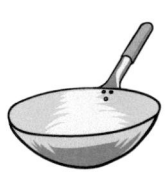

wajan

wok / karahi

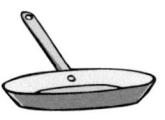

panci

paella

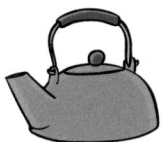

pemanas air

bullidor

panci pengukus makanan

olla de vapor

nampan

plata de forn

piring

vaixella

cangkir

tassa grossa

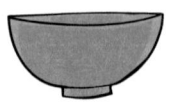

mangkok

bol

sumpit

bastonets xinesos

sendok sup

culler

sudip

espàtula

mengocok

batedor

saringan

colador

saringan

sedàs

parutan

ratllador

mortir

morter

barbeque

barbacoa

api terbuka

foc a terra

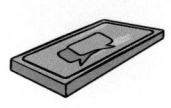

papan memotong

taula de tallar

gilingan

corró

alat pembuka botol

llevataps

kaleng

pot de conserva

pembuka kaleng

obridor

pegangan panci

agafador

wastafel

aigüera

sikat

raspall

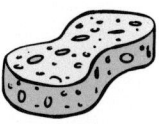

busa

esponja

mesin pencampur

batedora

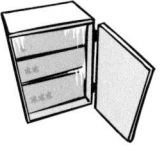

lemari es

congelador

botol bayi

biberó

keran

aixeta

kamar mandi

bany

mesin pemanas
calefacció
mandi
dutxa
handuk
tovallola
tirai kamar mandi
cortina de dutxa
mandi busa
bany de bombollles
bak mandi
banyera
gelas
got
mesin cuci
rentadora
keran
aixeta
ubin
rajoles
pispot
orinal
wastafel
aigüera

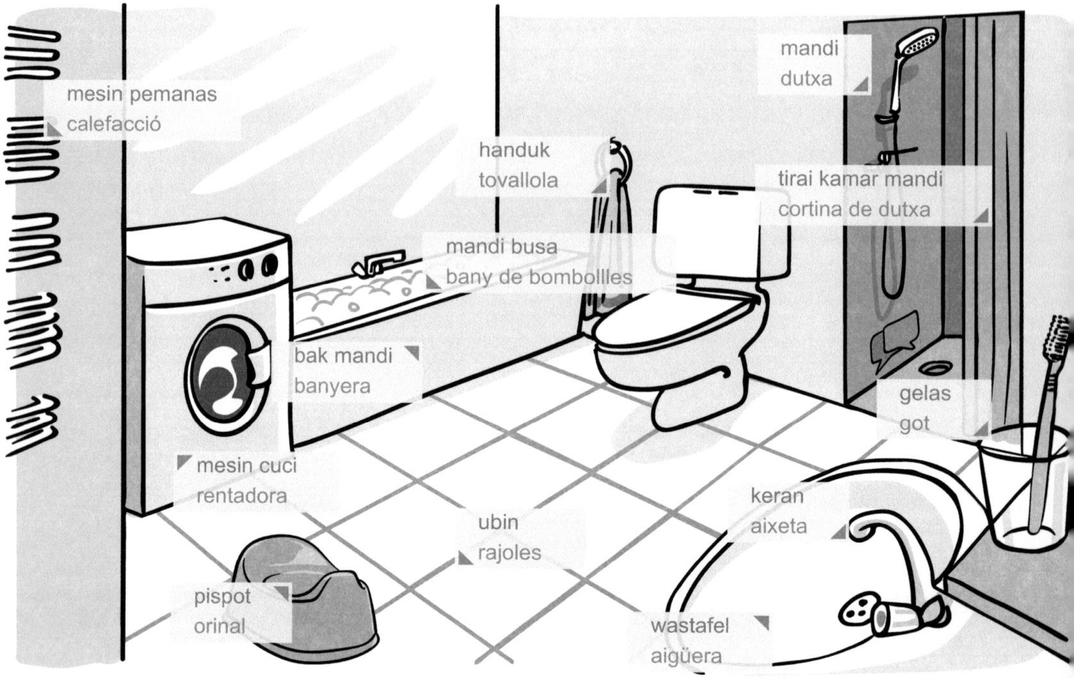

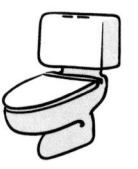

toilet

lavabo

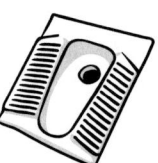

toilet jongkok

lavabo turc

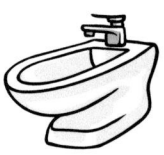

bidet

bidet

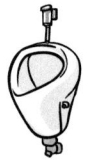

pissoir

orinador

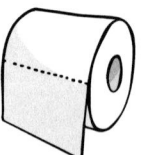

kertas toilet

paper higiènic

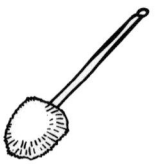

sikat toilet

escombreta de sanitari

sikat gigi

raspall de dents

pasta gigi

pasta de dents

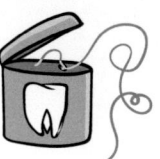

benang gigi

fil dental

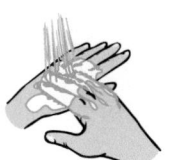

menyuci

rentar

pancuran tangan

pom de dutxa

pancuran

dutxa íntima

bak

rentamans

sikat punggung

raspall per a l'esquena

sabun

sabó

gel mandi

gel de dutxa

sampo

xampú

planel

manyopla de bany

kuras

bonera

krim

crema

deodoran

desodorant

kaca

mirall

cermin tangan

mirall-espill de mà

pisau cukur

maquineta de rasar

busa cukur

espuma de barbejar

aftershave

loció post-rasada

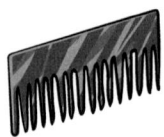

sisir

pinta

sikat

raspall

alat pengering rambut

eixugador

semprot rambut

laca

makeup

maquillatge

lipstik

pintallavis

cat kuku

esmalt d'ungles

kapas

cotó

gunting kuku

tallaungles

minyak wangi

perfum

kantong pencuci

estoig de bellesa

bangku

tamboret

timbangan

bàscula

mantel mandi

barnús

sarung tangan karet

guants de goma

tampon

compresa higiènica

handuk pembalut

compresa

toilet kimia

sanitari químic

kamar anak
cambra de nen

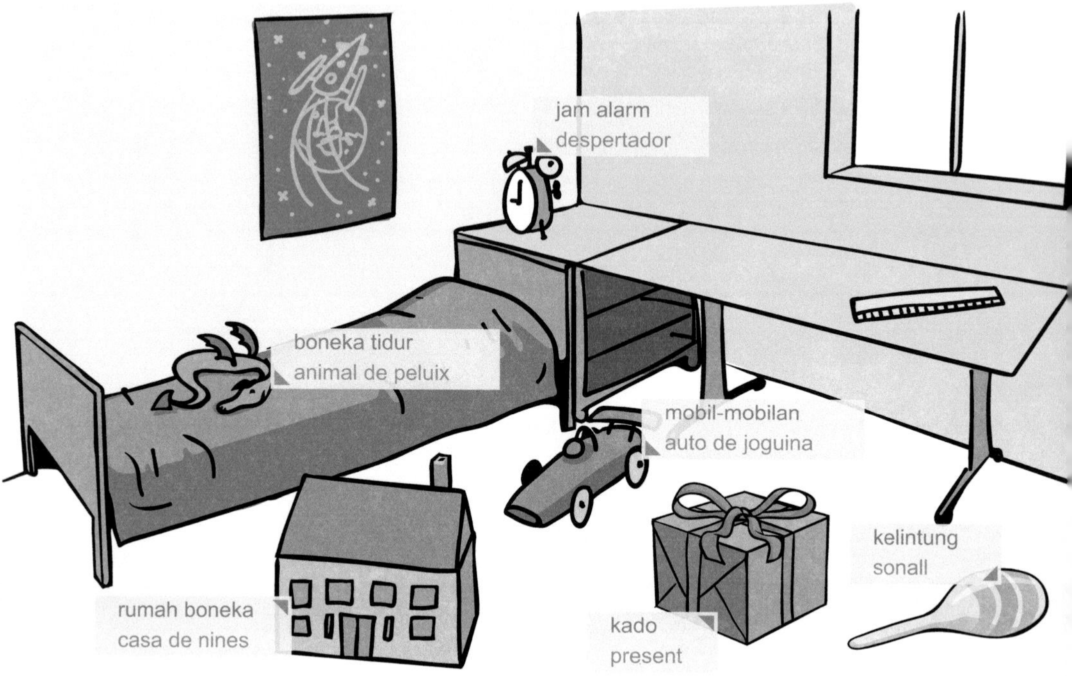
jam alarm
despertador
boneka tidur
animal de peluix
mobil-mobilan
auto de joguina
kelintung
sonall
rumah boneka
casa de nines
kado
present

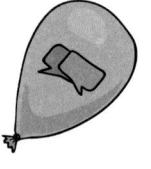

balon

baló

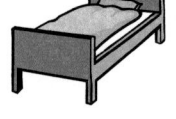

tempat tidur

llit

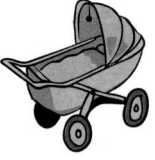

kereta bayi

cotxet per a nens

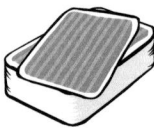

mainan kartu

joc de cartes

teka-teki

trencaclosca

SUPER MEGA
komik

historieta

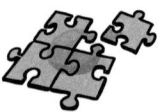

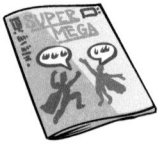

mainan lego

peces de lego

blok mainan

peces de construcció

figur aksi

ninot d'acció

baju monyet

granota

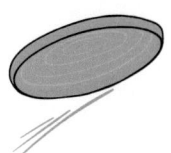

frisbee

frisbee

mobile

mòbil per a bressol

permainan papan

joc de taula

dadu

daus

set model kreta api

tren elèctric

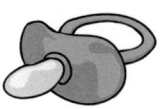

dot

xumet

pesta

festa

buku gambar

llibre de dibuixos

bola

pilota

boneka

nina

bermain

jugar

tempat main pasir

sorrera

ayunan

gronxador

mainan

joguines

video game konsol

consola de jocs de vídeo

sepeda roda tiga

tricicle

teddy

osset de peluix

lemari pakaian

armari

pakaian
roba

kaos kaki

mitjons

kaos kaki

mitges

baju ketat

mitja pantaló

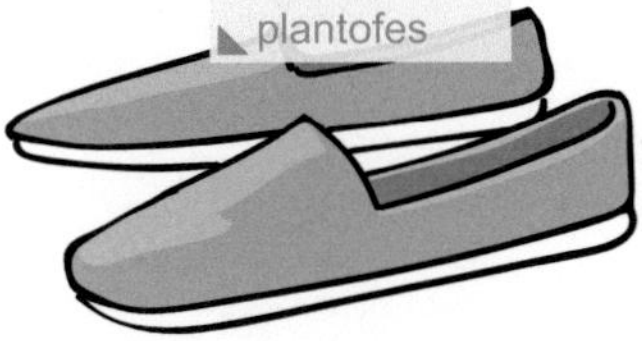

syal
tapacoll

payung
paraigua

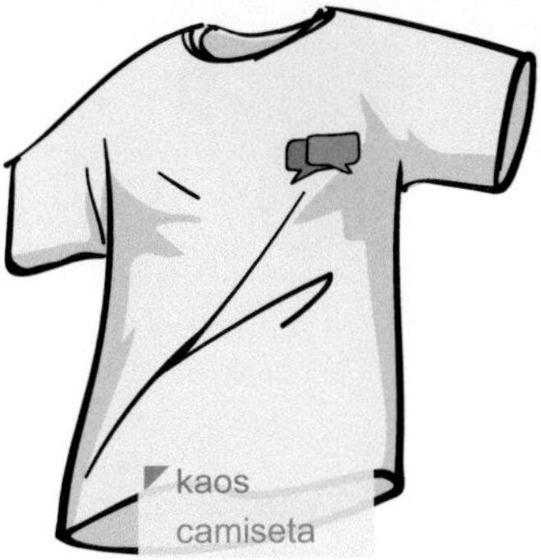

kaos
camiseta

sabuk
cintura

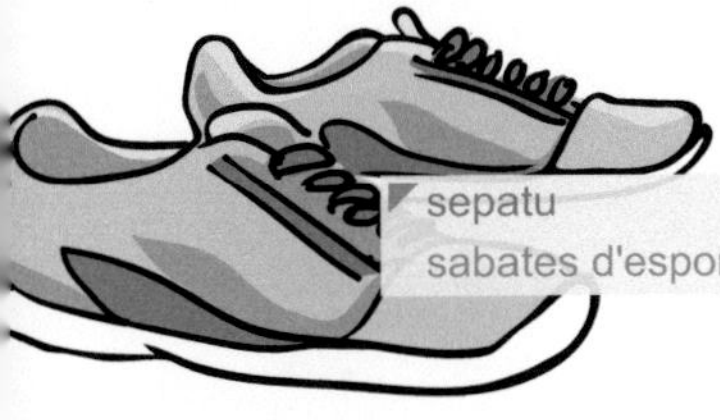

sepatu bot
botes

sandal
plantofes

sepatu
sabates d'esport

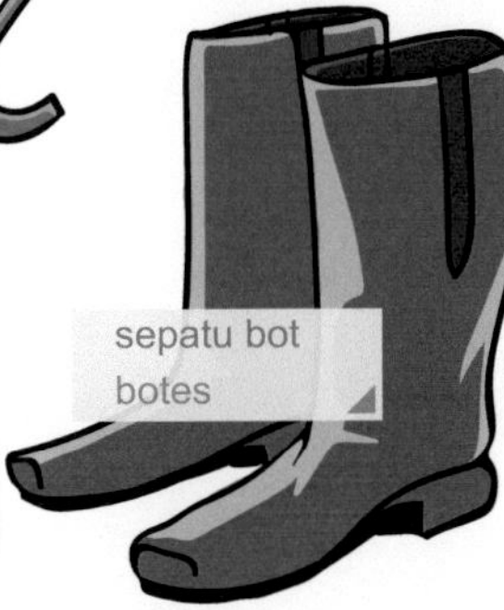

sandal

sandàlies

sepatu

sabates

sepatu bot karet

botes de goma

celana dalam

calçonets

BH

sostenidor

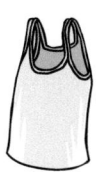

baju rompi

guardapits

body

jjustacòs

celana

pantalons

jeans

jeans

rok

faldeta

blus

brusa

kemeja

camisa

aket berkerudung

jersei

sweater

dessuadora

jaket

blazer

jaket

jaqueta

mantel

mantell

jas hujan

impermeable

kostum

vestit de dona

gaun

vestit de dona

gaun pengantin

vestit de núvia

setelan resmi

vestit d'home

gaun tidur

camisa de dormir

piyama

pijama

sari

sari

jilbab

mocador de cap

turban

turbant

burka

burca

kaftan

caftan

abaya

abaia

pakaian renang

vestit de bany

celana renang

calçon(et)s de bany

celana pendek

pantalons curts

olah raga

xandall

celemek

davantal

sarung tangan

guants

kancing

botó

kacamata

ulleres

gelang

braçalet

kalung

collaret

cincin

anell

anting

orellera

topi

casquet

gantungan mantel

penjador

topi

capell

dasi

corbata

ritsleting

cremallera

helm

casc

tali selempang

elàstics

seragam sekolah

uniforme escolar

seragam

uniforme

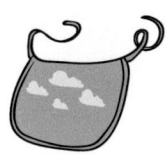

oto

pitet

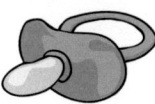

dot

xumet

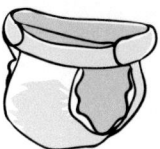

popok

bolquer

kantor
oficina

server
servidor
lemari arsip
armari arxivador
pencetak
impressora
kertas
paper
layar
monitor
mouse komputer
ratolí
meja kerja
escriptori
tempat pengarsipan
arxivador
papan tombol
teclat
tempat sampah
paperera
computer
ordinador
kursi
cadira

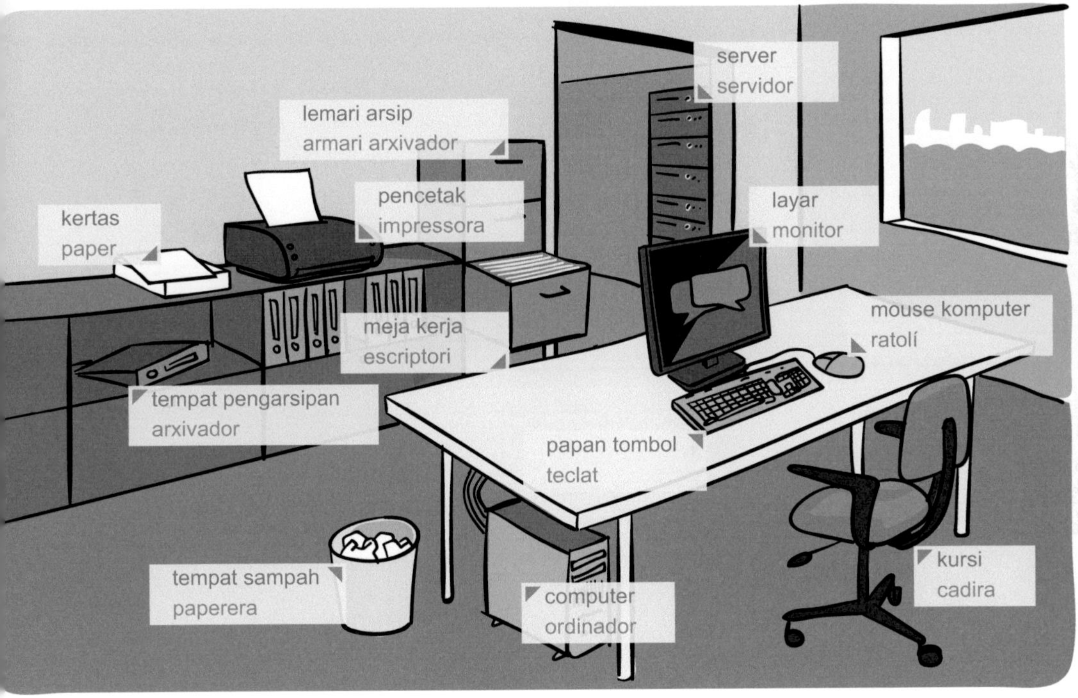

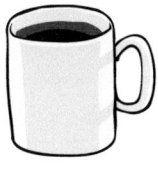

cangkir kopi

tassa de cafè

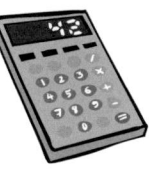

kalkulator

calculadora

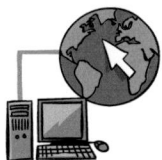

internet

Internet

laptop

ordinador portàtil

surat

lletra

pesan

missatge

telepon seluler

mòbil

jaringan

xarxa

fotokopi

fotocopiadora

software

programari

telepon

telèfon

plug soket

presa de corrent

mesin fax

fax

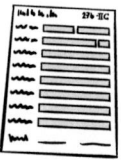

formulir

formulari

dokumen

document

membeli

comprar

membayar

pagar

berdagang

comerciar

uang

diners

 **USD**

Dollar

dòlar

 **EUR**

Euro

euro

 **JPY**

Yen

ien

 **RUB**

Rubel

ruble

 **CHF**

Franc Swiss

franc suís

 **CNY**

Renminbi Yuan

renminbi

 **INR**

Rupiah

rupia

ATM

caixa automàtica

kantor pertukaran mata uang

oficina de canvi

emas

or

perak

argent

minyak

petroli

energi

energia

harga

preu

kontrak

contracte

pajak

impost

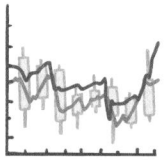

saham

acció

bekerja

treballar

karyawan

treballador

majikan

empresari

pabrik

fàbrica

toko

botiga

pekerjaan
oficis

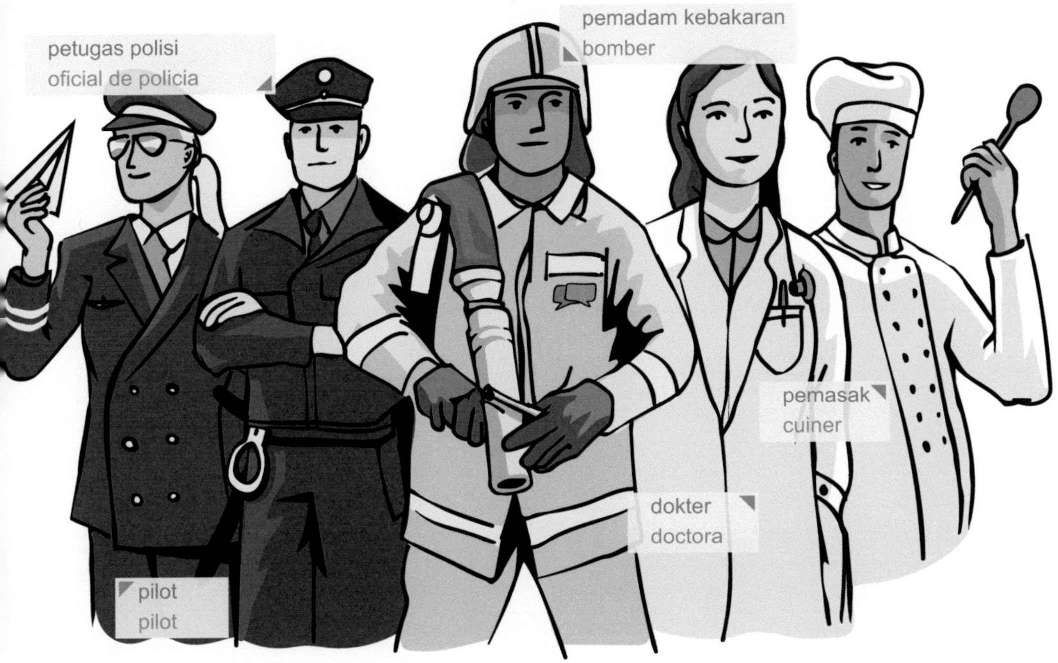
petugas polisi
oficial de policia
pemadam kebakaran
bomber
pemasak
cuiner
dokter
doctora
pilot
pilot

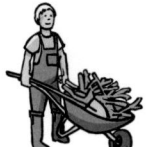

tukan kebun

jardiner

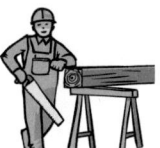

tukang kayu

fuster

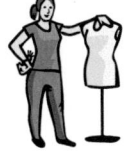

penjahit wanita

costurera

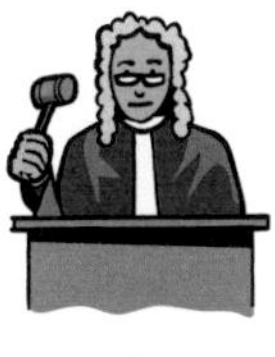

hakim

jutge

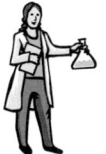

ahli kimia

química

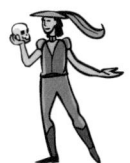

aktor

actor

sopir bis

conductor d'autobús

sopir taksi

taxista

nelayan

pescador

pembantu

dona de la neteja

tukang atap

ensostrador

pelayan

cambrer

pemburu

caçador

pelukis

pintor

tukang roti

forner

tukang listrik

electricista

pembangun

obrer de la construcció

insinyur

enginyer

tukang daging

carnisser

tukang ledeng

llanterner

tukang pos

correu

tentara

soldat

arsitek

arquitecte

kasir

caixera

penjual bunga

florista

penata rambut

perruquer

konduktor

revisor

montir

mecànic

kapten

capità

dokter gigi

dentista

ilmuwan

científic

rabbi

rabí

imam

imam

biarawan

monjo

pendeta

capellà

alat
eines

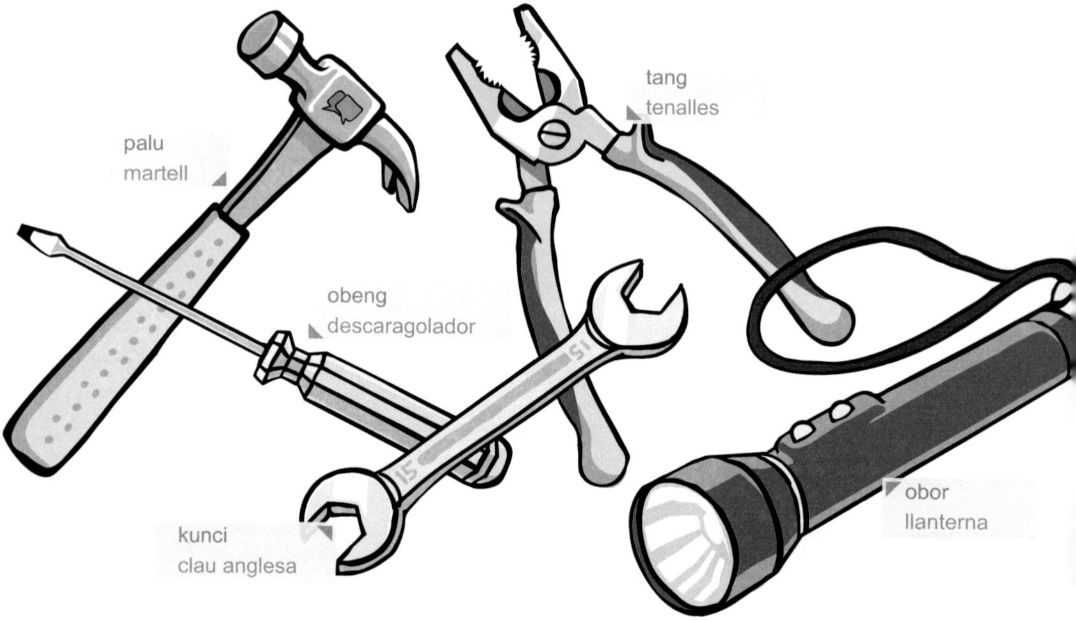
palu
martell
tang
tenalles
obeng
descaragolador
kunci
clau anglesa
obor
llanterna

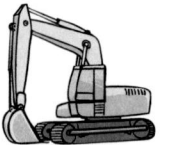

penggali

excavadora

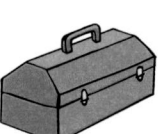

tas perkakas

caixa d'eines

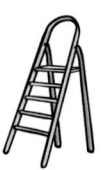

tangga

escala

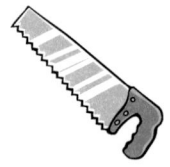

gergaji

serra

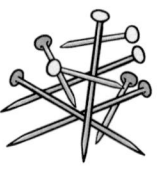

paku

claus

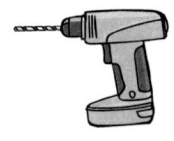

bor

trepant

perbaikan

reparar

sekop

pala

Sialan!

Maleït siga!

cikrak

pala

pot cat

pot de pintura

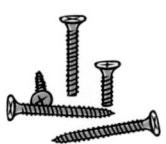

sekrup

caragols

alat musik

instrument de música

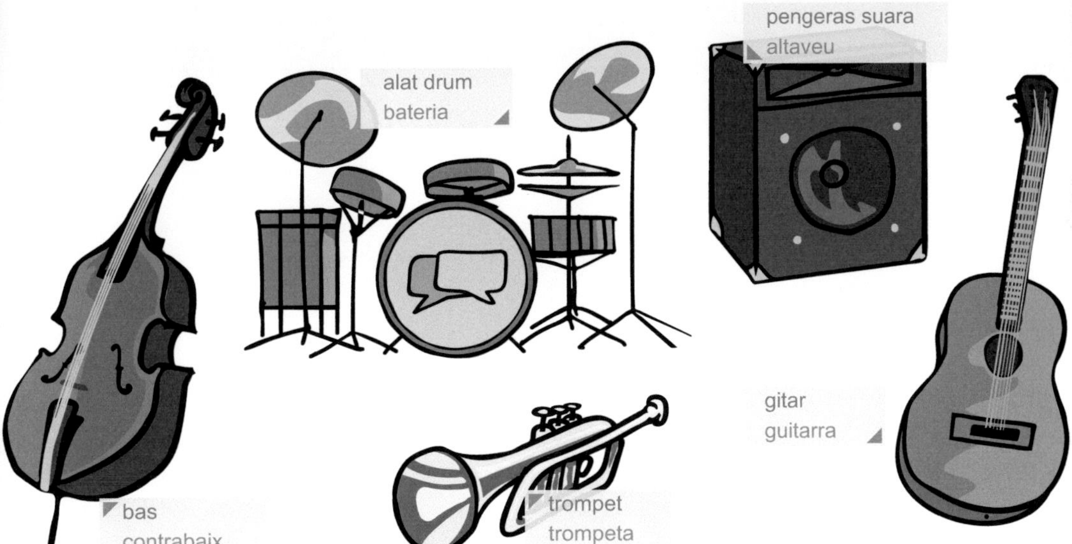

alat drum
bateria

pengeras suara
altaveu

gitar
guitarra

bas
contrabaix

trompet
trompeta

piano

piano

violin

violí

bass

baix

tambur

timbal

drum

tambor

keyboard

teclat

saksofon

saxofon

suling

flauta

mikrofon

micròfon

alat musik - instrument de música

kebun binatang

zoo

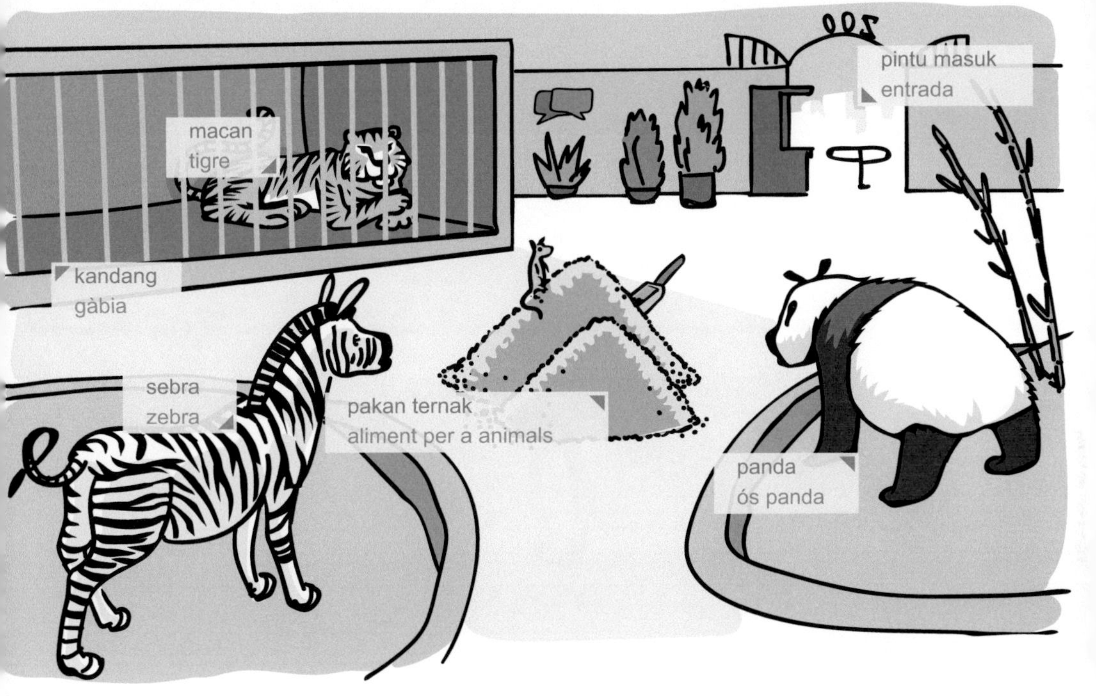

macan
tigre
pintu masuk
entrada
kandang
gàbia
sebra
zebra
pakan ternak
aliment per a animals
panda
ós panda

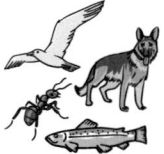

hewan

animals

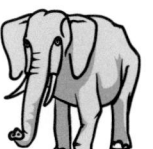

gajah

elefant

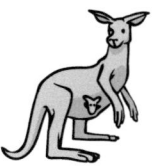

kanguru

cangurú

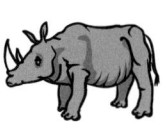

badak

rinoceront

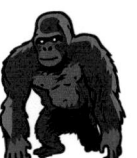

gorila

goril·la

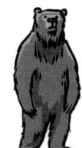

beruang

ós

unta

camell

burung unta

estruç

singa

lleó

monyet

simi

flamingo

flamenc

burung beo

papagai

beruang polar

ós polar

penguin

pingüí

hiu

ca mari

merak

paó

ular

serp

buaya

cocodril

penjaga kebun binatang

guardià del zoo

segel

foca

jaguar

jaguar

kuda poni

poni

macan tutul

lleopard

kuda nil

hipopòtam

jerapah

girafa

burung elang

àliga

babi jantan

senglar

ikan

peix

kura-kura

tortuga

anjing laut

morsa

rubah

guineu

kijang

gasela

american football
futbol americà

naik sepeda
ciclisme

tennis
tenis

basketbal
bàsquet

bernang
natació

hoki es
hoquei sobre gel

tinju
boxa

sepak bola	badminton	atletik
futbol americà	bàdminton	atletisme
bola tangan	main ski	polo
handbol	esquí	polo

aktivitas
activitats

ketawa
riure
meloncat
saltar
memeluk
abraçar
berjalan
anar
menyanyi
cantar
mengimpi
somiar
berdoa
pregar
mencium
fer un petó

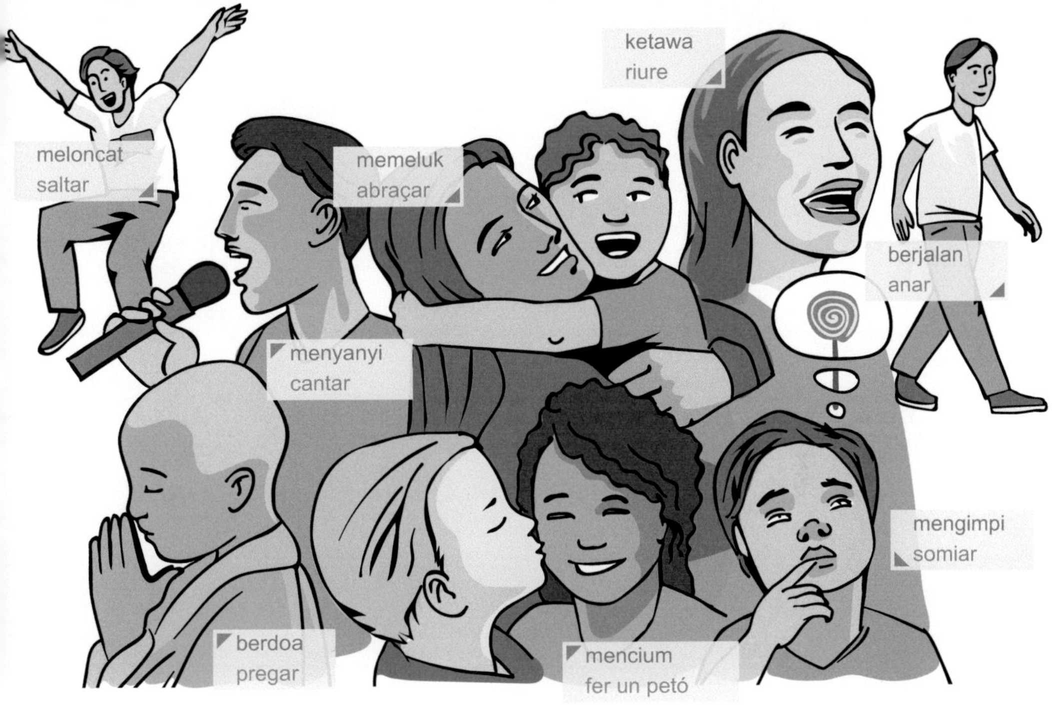

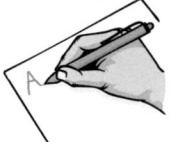

menulis
escriure

melukis
dibuixar

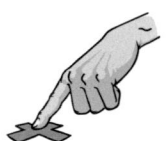

menunjuk
mostrar

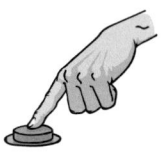

mendorong
pitjar

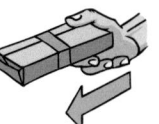

memberikan
donar

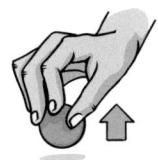

mengambil
prendre

mempunyai

tenir

melakukan

fer

adalah

ésser

berdiri

estar dret

berlari

córrer

menarik

estirar

melempar

llançar

jatuh

caure

tidur

jeure

menunggu

esperar

membawa

portar

duduk

asseure's

berpakaian

vestir-se

tidur

dormir

bangun

despertar-se

melihat

mirar

menangis

plorar

mengelus

amoixar

menyisir

pentinar

berbicara

parlar

mengerti

comprendre

menanyak

demanar

mendengar

escoltar

minum

beure

makan

menjar

merapikan

endreçar

cinta

estimar

memasak

cuinar

menyetir

conduir

terbang

volar

berlayar

navegar

menghitung

calcular

membaca

llegir

belajar

aprendre

bekerja

treballar

menikah

casar-se

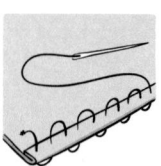

menjahit

cosir

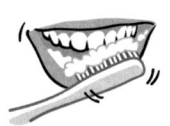

sikat gigi

raspallar-se les dents

membunuh

matar

merokok

fumar

kirim

enviar

keluarga
família

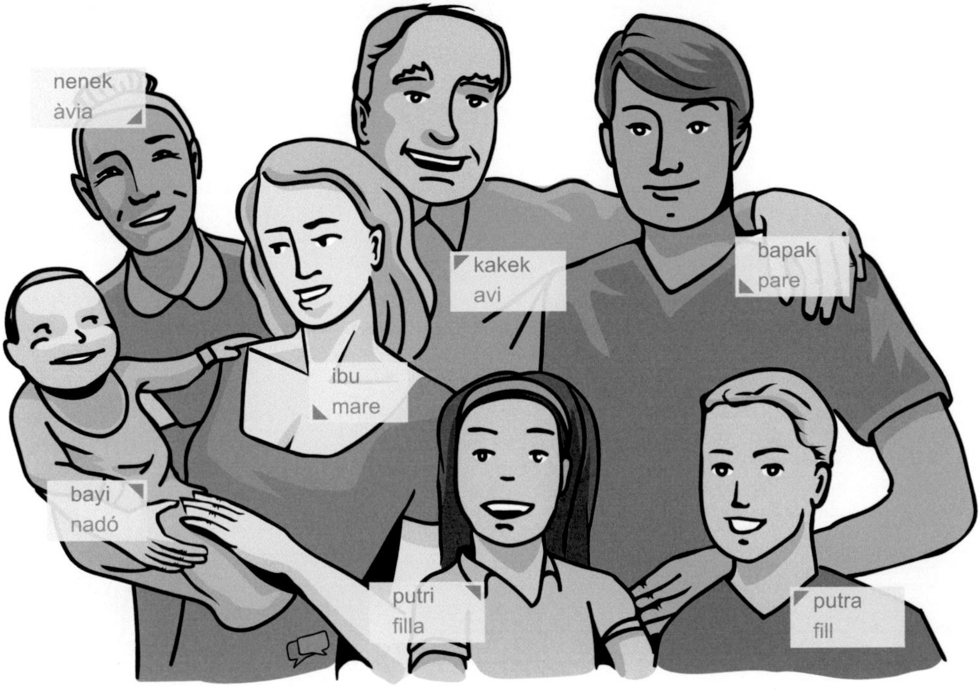

nenek
àvia
kakek
avi
bapak
pare
ibu
mare
bayi
nadó
putri
filla
putra
fill

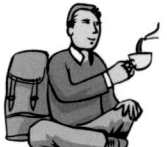

tamu

convidat

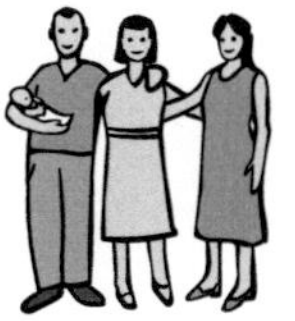

bibi

tia

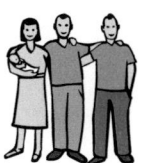

paman

oncle

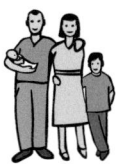

kakak laki

germà

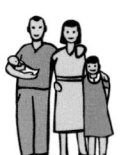

kakak perempuan

germana

badan
cos

dahi
front
mata
ull
bahu
espatlla
jari
dit
muka
cara
dagu
barbeta
tangan
mà
kaki
cama
payudara
pit
lengan
braç

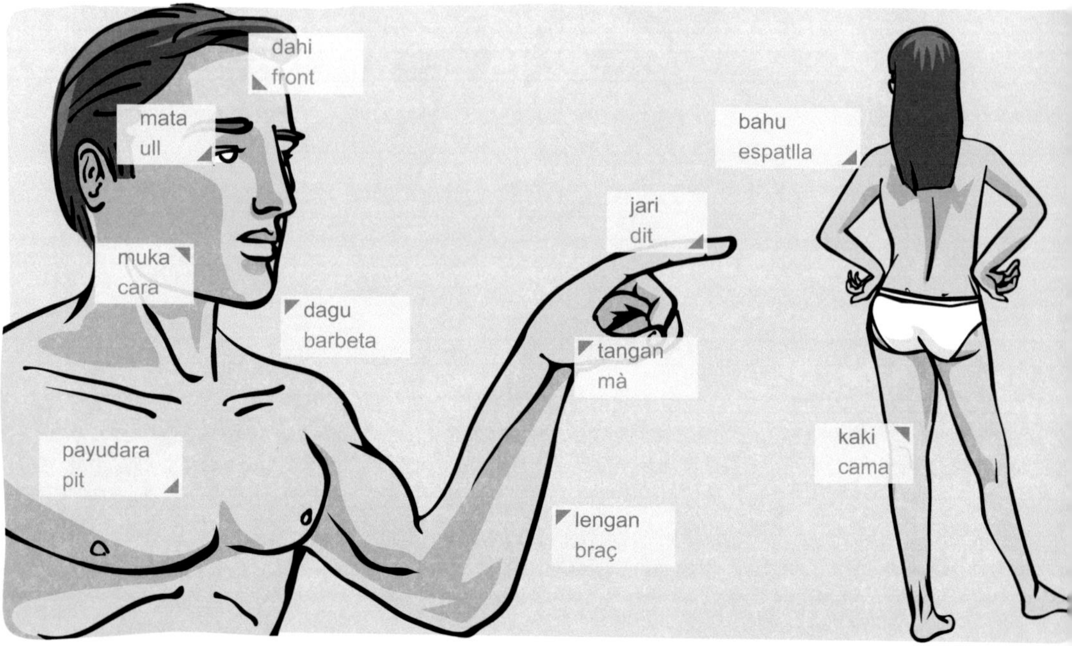

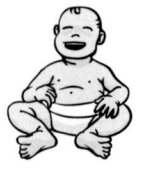

bayi
nadó

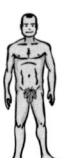

pria
home

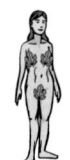

wanita
dona

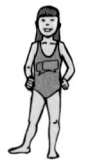

perempuan
noia

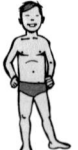

laki
noi

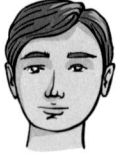

kepala
cap

punggung

esquena

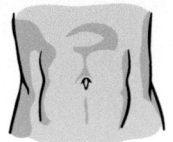

perut

panxa

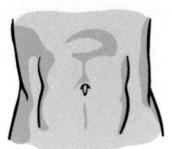

pusar

melic

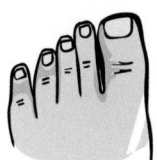

toe

dit gros del peu

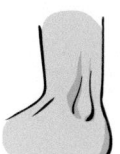

tumit

taló

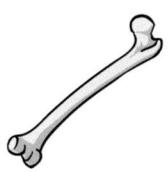

tulang

os

pinggang

maluc

lutut

genoll

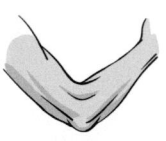

siku

colze

hidung

nas

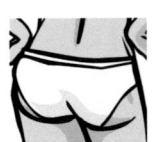

pantat

cul

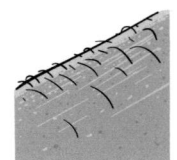

kulit

pell

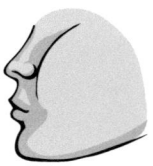

pipi

galta

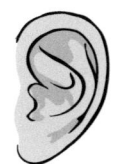

telinga

orella

bibir

llavi

badan - cos

mulut
boca

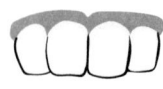

gigi
dent

lidah
llengua

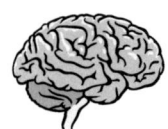

otak
cervell

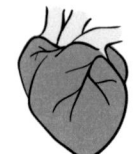

jantung
cor

otot
múscul

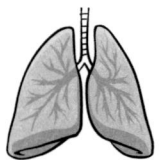

paru-paru
pulmó

hati
fetge

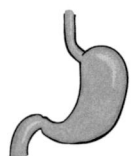

stomach
estómac

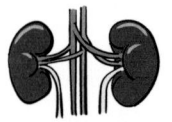

ginjal
ronyó

hubungan seks
relació sexual

kondom
preservatiu

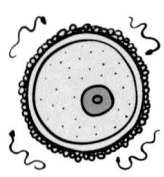

sel telur
ovari

sperma
semen

kehamilan
prenyat

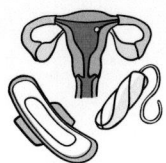

menstruasi

menstruació

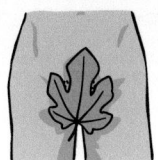

vagina

vagina

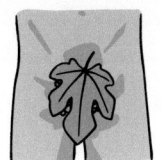

penis

penis

alis

cella

rambut

cabells

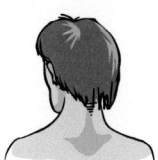

leher

coll

rumah sakit
hospital

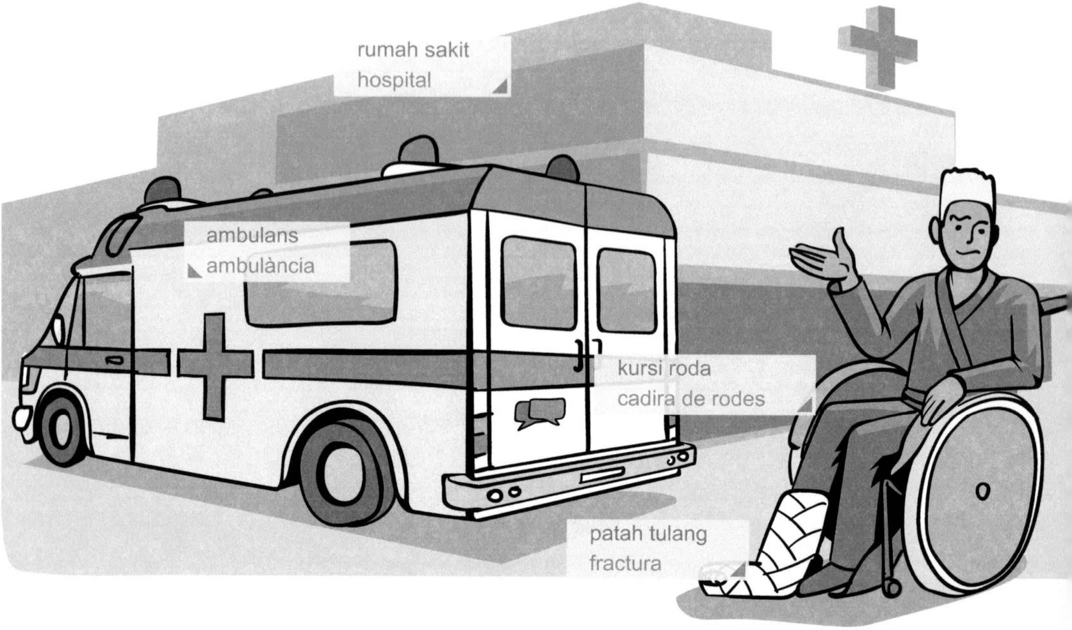

rumah sakit
hospital
ambulans
ambulància
kursi roda
cadira de rodes
patah tulang
fractura

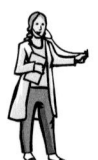

dokter

doctora

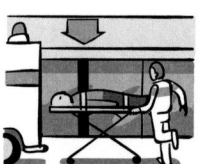

ruang darurat

sala d'urgències

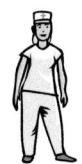

perawat

infermera

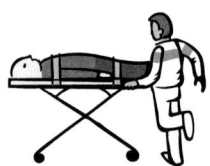

darurat

urgència

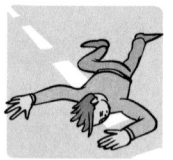

semaput

inconscient

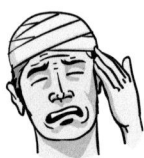

sakit

dolor

cedera

ferida

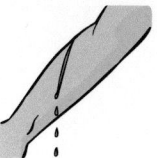

perdarahan

sagnament

serangan jantung

atac de cor

stroke

apoplexia

alergi

al·lèrgia

batuk

tos

demam

febre

flu

gripa

diare

diarrea

sakit kepala

mal de cap

kanker

càncer

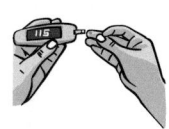

diabetes

diabetis

ahli bedah

cirurgià

pisau bedah

escalpel

operasi

operació

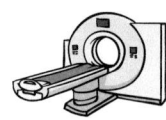

CT

tomografia computada (TC), TAC

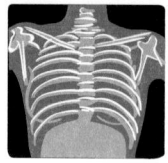

sinar x

raigs x

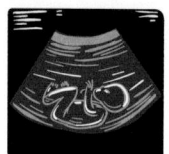

usg

ultrasò

topeng

mascareta

penyakit

malaltia

ruang tunggu

sala d'espera

penyokong

crossa

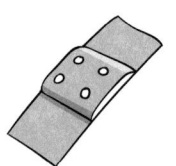

plester

tireta

perban

embenat

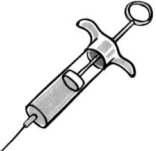

injeksi

injecció

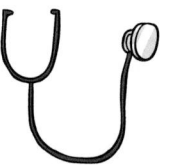

stetoskop

estetoscopi

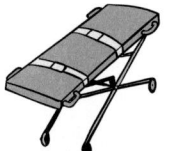

usungan

llitera

termometer klinis

termòmetre clínic

kelahiran

pariment

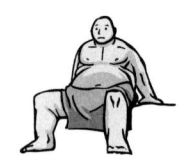

kelebihan berat badan

sobrepès

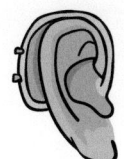

alat pendengar

aparell auditiu

desinfektan

desinfectant

infeksi

infecció

virus

virus

HIV / AIDS

VIH / SIDA

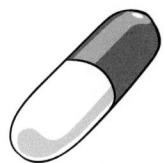

obat

medicina

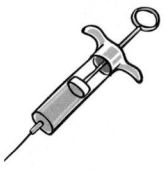

vaksinasi

vaccí

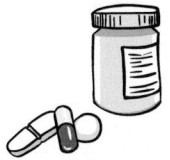

tablet

comprimits

pil

píl·lola

panggilan darurat

trucada d'urgència

ukur tekanan darah

tensiòmetre

sakit / sehat

malalt / sà

Tolong!

Socors!

alarm

alarma

penyerbuan

assalt

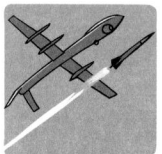

serangan

atac

bahaya

perill

pintu darurat

sortida-eixida d'urgència

Api!

Foc!

alat pemadam kebakaran

extintor

kecelakaan

accident

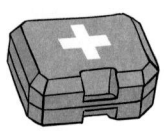

kit pertolongan pertama

farmaciola de primers auxilis

SOS

SOS

polisi

policia

Eropa

Europa

Amerika Utara

Amèrica del Nord

Amerika Selatan

Amèrica del Sud

Afrika

Àfrica

Asia

Àsia

Australi

Austràlia

Atlantik

Atlàntic

Pasifik

Pacífic

Samudra India

Oceà Índic

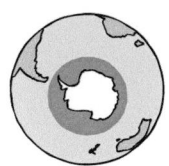

Samudra Antartika

Oceà Antàrtic

Samudra Arktik

Oceà Àrtic

kutub utara

pol nord

kutub selatan

pol sud

Antarktika

Antàrtida

bumi

terra

tanah

país

laut

mar

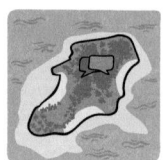

pulau

illa

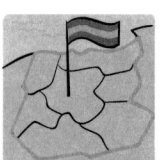

bangsa

nació

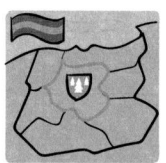

negara

estat

jam wajah

quadrant

jarum pendek

agulla de les hores

jarum menit

agulla dels minuts

jarum detik

agulla dels segons

Jam berapa?

Quina hora és?

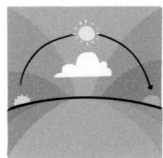

hari

dia

waktu

temps

sekarang

ara

jam digital

rellotge digital

menit

minut

jam

hora

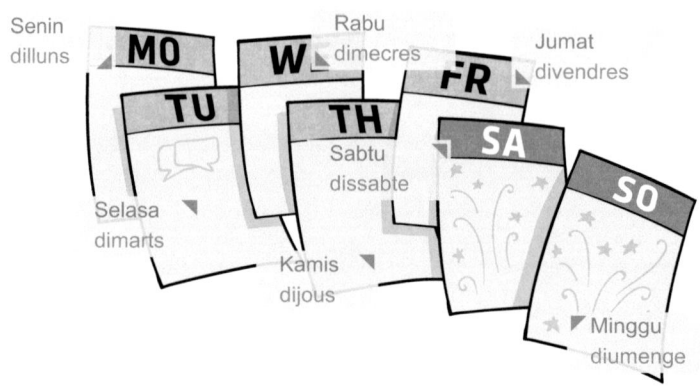

Senin
dilluns

Selasa
dimarts

Rabu
dimecres

Kamis
dijous

Jumat
divendres

Sabtu
dissabte

Minggu
diumenge

kemaren
ahir

hari ini
avui

besok
demà

pagi
matí

siang
migdia

malam
tarda

hari kerja
dia feiner

akhir minggu
cap de setmana

hujan
pluja

pelangi
arc de Sant Martí

angin
vent

salju
neu

musim semi
primavera

musim panas
estiu

musim gugur
tardor

musim dingin
hivern

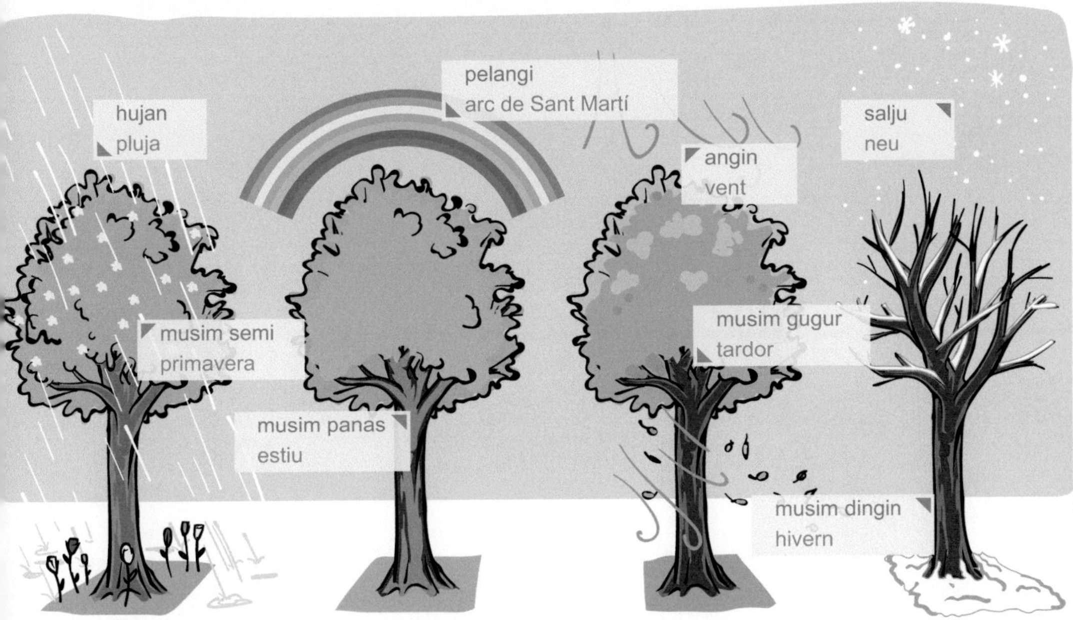

ramalan cuaca

pronòstic del temps

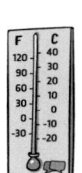

termometer

termòmetre

matahari

llum del sol

awan

núvol

kabut

boira

kelembahan

humiditat de l'aire

kilat

llamp

guntur

tro

badai

tempesta

hujan es

calamarsa

monsun

monsó

banjir

inundació

es

gel

Januari

gener

Februari

febrer

Maret

març

April

abril

Mei

maig

Juni

juny

Juli

juliol

Agustus

agost

tahun - any

September
....
setembre

Oktober
....
octubre

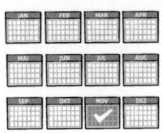

November
....
novembre

Desember
....
desembre

bentuk
formes

lingkaran
....
cercle

persegi
....
quadrat

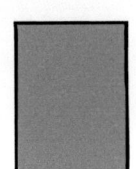

persegi panjang
....
rectangle

segi tiga
....
triangle

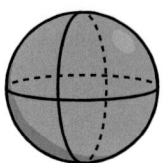

bola
....
esfera

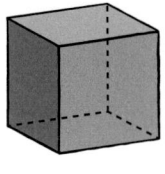

kubus
....
cub

putih

blanc

kuning

groc

oranye

taronja

pink

rosa

merah

vermell

ungu

lila

biru

blau

hijau

verd

coklat

marró

abu-abu

gris

hitam

negre

banyak / sedikit

molt / poc

marah / tenang

emprenyat / tranquil

cantik / jelek

bonic / lleig

mulaih / selesai

començament / fi

besar / kecil

gran / petit

terang / gelap

clar / fosc

saudara laki-laki / saudara
perempuan

germà / germana

bersih / kotor

net / brut

lengkap / tidak lengkap

complet / incomplet

hari / malam

dia / nit

mati / hidup

mort / viu

luas / sempit

ample / estret

dapat dimakan / tidak dapat dimakan

comestible / immenjable

jahat / baik

dolent / amable

bersemangat / bosan

entusiasmat / entediat

gemuk / kurus

gros / prim

pertama / terakhir

primer / darrer

teman / musuh

amic / enemic

penuh / kosong

ple / buit

keras / lembut

dur / tou

berat / enteng

pesant / lleuger

lapar / haus

gana / set

sakit / sehat

malalt / sà

ilegal / legal

il·legal / legal

cerdas / bodoh

intel·ligent / ximple

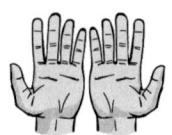

kiri / kanan

esquerra / dreta

dekat / jauh

prop / llunyà

baru / bekas
....
nou / usat

tidak ada apapun / sesuatu
....
res / quelcom

tua / muda
....
vell / jove

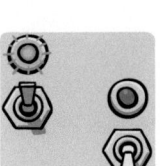

nyala / mati
....
encès / apagat

buka / tutup
....
obert / tancat

tenang / keras
....
silenciós / sorollós

kaya / miskin
....
ric / pobre

benar / salah
....
correcte / incorrecte

kasar / halus
....
aspre / suau

sedih / gembira
....
trist / content

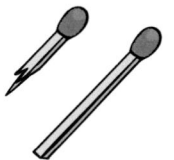

pendek / panjang
....
curt / llarg

pelan-pelan / cepat
....
lent / ràpid

basah / kering
....
humit / sec - eixut

hangat / sejuk
....
calent / fred

perang / damai
....
guerra / pau

0

nol

zero

1

satu

u

2

dua

dos

3

tiga

tres

4

empat

quatre

5

lima

cinc

6

enam

sis

7

tujuh

set

8

delapan

vuit

9

sembilan

nou

10

sepuluh

deu

11

sebelas

onze

12

duabelas

dotze

13

tigabelas

tretze

14

empatbelas

catorze

15

limabelas

quinze

16

enambelas

setze

17

tujuhbelas

disset

18

delapanbelas

divuit

19

sembilanbelas

dinou

20

duapuluh

vint

100

seratus

cent

1.000

seribu

mil

1.000.000

juta

milió

bahasa-bahasa
llengües

Inggris

anglès

bahasa Inggris Amerika

anglès americà

bahasa Cina Mandarin

xinès mandarí

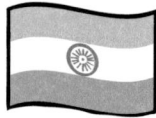

bahasa Hindi

hindi

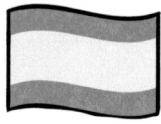

bahasa Spanyol

espanyol

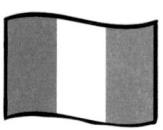

bahasa Perancis

francès

bahasa Arab

àrab

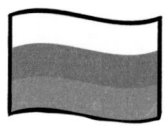

bahasa Rusia

rus

bahasa Portugis

portuguès

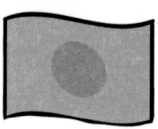

bahasa Bengal

bengalí

bahasa Jerman

alemany

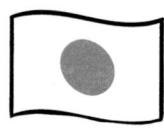

bahasa Jepang

japonès

saya

jo

kamu

tu

dia

ell / ella / allò

kita

nosaltres

kalian

vosaltres

mereka

ells

siapa?

qui?

apa?

què?

begaimana?

com?

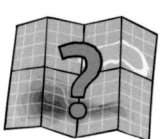

dimana?

on?

kapan?

quan?

nama

nom

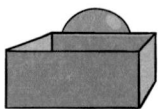

dibelakang

darrere

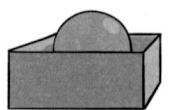

di

en

didepan

davant de

diatas

damunt

diatas

sobre

dibawah

sota

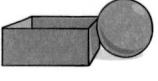

sebelah

al costat

di antara

entre

tempat

lloc